LA FAMILLE RURALE

DES CÉVENNES

AUTREFOIS & AUJOURD'HUI

Par M. A. Mathieu.

———— :♦: ————

M. Adrien Mathieu, membre associé de uotre Société, sous-inspecteur de l'enregistrement à Nimes, a bien voulu lui faire hommage d'un fascicule intitulé : *La Famille rurale des Cévennes autrefois et aujourd'hui,* qu'il a publié dans les Nᵒˢ du 1ᵉʳ et 15 octobre 1884 de la Revue : *La Réforme sociale,* comme réponse à l'enquête ouverte en 1883 par la Société Internationale des études pratiques d'économie sociale de Paris.

Cette étude préparée consciencieusement à l'aide des connaissances techniques de l'auteur, ne comprend que les versants du Mont-Lozère s'étendant à l'E. jusqu'au Rhône, et au S. jusqu'à la Méditerranée. Mais elle peut comprendre aussi notre *Haut-Gévaudan* d'après l'impression qui nous est restée des lectures qu'il nous a été donné de faire sur les registres d'un certain nombre de nos anciens notaires. Ainsi, à la première partie : *Le Passé,* au sujet de la prévoyance du père de famille, dans son testament pour ses enfants en bas-âge *(page 7)*, nous pourrions ajouter, à ce qu'il en dit, les clauses du testament du médecin Jean de Sabran *(1585)* qui institue pour son héritier son fils ainé ; lequel venant à décéder en *pupillarité,* il désigne pour lui succéder le second enfant ; et ainsi de suite jusqu'au sixième. Et si celui-ci ne laisse pas de descendants, l'héritage sera partagé entre les pauvres de Mende et de Servières. Et, chose étonnante, les prévisions de Jean de Sabran se réalisèrent de point en point.

Ce travail ne pouvait donc qu'être accueilli avec reconnaissance pour être conservé dans nos publications comme souvenir de l'ancienne famille de notre Gévaudan.

Peut-être aurions-nous pu l'abréger ; mais nous nous serions exposé à ne pas rendre toute la pensée de l'auteur qui a su mettre ce travail à la portée de toutes les intelligences.

Il l'a divisé en deux parties : le *Passé* et le *Présent ;* c'est l'ancien et le nouveau régime de la famille qu'il met en présence.

Selon leurs tendances, les uns loueront l'ancien régime avec la stabilité des héritages et la fécondité des familles ; les autres célébreront le nouveau régime avec le morcellement des héritages et le fléau qui nous envahit de plus en plus, de la stérilité du mariage.

L. BOSSE.

Les observations qui vont suivre s'appliquent d'une manière
générale à la région extrêmement accidentée qui, s'abaissant
des sommets de la chaine des Cévennes, à l'est vers le Rhône,
au sud vers la mer, formait avec le Gévaudan, le Velay et le
Vivarais, sous le nom de *Lieutenance générale des Cévennes
et pays joints,* une des trois subdivisions du vaste gouvernement du Languedoc (1).

L'objet principal de cette étude, a été, toutefois, le département du Gard. Bien que l'une de ses parties (l'ancien diocèse
de Nimes), dépendit en 1789 du *Bas-Languedoc,* ce département formé, en majeure partie avec les anciens dlocéses d'A-
lais et d'Uzès, peut être considéré comme représentant les Cévennes proprement dites. Une portion de l'Ardèche (le Bas-
Vivarais), ainsi que la *partie méridionale et méditerranéenne
de la Lozère (ancien Gévaudan)* s'y rattachent comme des
dépendances naturelles.

Ainsi comprise entre la ligne de faite des Cévennes, le
Rhône et la mer, cette région est constituée par trois zones,
ou mieux trois étages, offrant un contraste frappant tant au
point de vue de la constitution et de la configuration du sol que
du climat et des cultures.

Le sol de la zone supérieure est formé de granites et de
schistes. C'est à proprement parler, *la Montagne* avec ses
mille vallées pittoresques et enchevétrées, aux ruisseaux bor-

---

(1) Les deux autres étaient le Haut le Bas-Languedoc·

dés d'étroites, mais fertiles prairies. Le châtaignier domine en maître et revêt de sa brillante verdure les parois abruptes des montagnes. Peu de hameaux, peu de villages surtout, mais un nombre étonnant de constructions rustiques et de fermes éparses, tantôt placées à mi-côte ou cachées dans l'enfoncement des vallons, tantôt bâties au sommet d'un promontoire et dominant la jonction de deux vallées, tantôt accrochées comme des nids d'hirondelle, à des hauteurs vertigineuses, aux flancs de la montagne. Chacune de ces demeures est le foyer d'une famille rurale et le siège d'une petite exploitation qui s'étend tout autour et que le travail opiniâtre des générations a conquis sur une nature ingrate. Des murailles soutiennent presque partout le sol toujours prêt à s'ébouler sous l'influence de fréquents orages. Une petite source fournit d'ordinaire au moins l'eau nécessaire au ménage et permet d'entretenir le jardin aux étroites terrasses qui s'étagent au-dessous ou à côté de la maison et dont le sol, comme celui de certaines parties du domaine fut porté souvent à dos d'homme. Dans le fond des vallées ou leurs parties les mieux exposées, au-dessus des prairies plantées d'arbres fruitiers, la vigne et le mûrier répandaient autrefois leurs bienfaits.

Plus bas, à l'altitude moyenne de 200 à 300 mètres, commence la région intermédiaire, encore très accidentée, généralement caractérisée par le calcaire. Le froment, la vigne, le mûrier, le chene vert, l'olivier remplacent de plus en plus le châtaignier et les prairies : — les villages sont plus nombreux mais les domaines agglomérés le sont encore.

Une transition assez brusque à l'est, parfois presque insensible vers le sud, conduit d'une part aux riches alluvions du Rhône, longue et étroite bande qui suit le fleuve, et d'autre part à la vaste plaine au sol formé de terre rougeâtre et de cailloux roulés qui règne jusqu'aux étangs et à la mer. Là, les villages moins nombreux que dans la région précédente sont généralement plus populeux et forment, parfois, de gros bourgs et de petites villes; en dehors de leur rayon de grands domaines agglomérés, appelés *mas*, appartenant encore, en grande partie, à des propriétaires urbains, se montrent de distance en distance. La vigne, les céréales, les fourrages,

cultivés par grandes étendues, l'olivier persistant encore, sur
tout dans les parties légèrement accidentées, se partagent le
sol.

Ces notions sommaires sur la nature des lieux ne paraîtront
pas inutiles à ceux qui se rendent un compte exact de l'influence qu'elle exerce sur la constitution comme sur les besoins spéciaux de la propriété et de la famille rurales.

Avant d'aborder le sujet de la présente étude, à savoir, les
effets sur cette double institution de nos lois successorales, il
est indispensable de présenter un aperçu de l'état de choses
qui, sous la législation précédente, s'était établi par l'effet de
la coutume.

PREMIÈRE PARTIE

LE PASSÉ.

I

Comme tout le midi de la France, la partie orientale du
Languedoc suivait au point de vue de la transmission des foyers et des ateliers, les dispositions du droit romain très légé-
rement modifiés par les ordonnances des rois de France (1).

Le père de famille peut librement instituer comme héritier
universel, soit un de ses enfants, soit plusieurs d'entre eux,
soit même un étranger, et lui transmettre son hérédité active

---

(1) Notamment par celle de 1735 qui voulait par son article 50 que tous ceux
qui ont un droit de légitime fussent institués du moins en ce qui leur serait
donné.

et passive sous la seule réserve de la *légitime* accordée par la loi aux enfants.

Cette légitime est, aux termes de la novelle 18, du tiers, s'il n'y a pas plus de quatre enfants, au-dessus de ce nombre, toujours de moitié.

L'enfant ne peut en être privé que s'il a encouru l'exhérédation, c'est-à-dire, dans des cas fort rares et nettement prévus.

La succession *ab intestat* se partage comme sous le Code civil, par portions égales.

Par snite, ce régime qui excluait tout droit d'ainesse et accordait au père d'une famille nombreuse une quotité disponible de moitié au moins, doit être rattaché, suivant les distinctions formulées par Le Play (*Réforme sociale*, ch. XXI, p. 293) au type de la *liberté testamentaire* tempérée par la légitime.

La loi n'imposait donc aucun régime spécial sauf celui du partage égal à défaut de testament. Mais le cas est si rare qu'il est permis de n'en pas tenir compte.

Avec un ensemble merveilleux, tous les chefs de famille se préoccupent, presque dès le lendemain de leur mariage, de régler la transmission de leur foyer. Se laisser surprendre par la mort avant d'avoir rempli ce devoir serait un malheur et une faute.

Mais ce sentiment est surtout vivant chez les propriétaires de ces innombrables petits domaines agglomérés dont nous avons parlé. Que l'on parcoure les archives des notaires qui, comme l'a si justement fait ressortir Le Play (*Réforme sociale* ch. XXI, p. 349), « conservent les principaux éléments de *l'histoire sociale* de notre pays » et l'on sera surpris, à travers les différences de localités ou de fortune, de l'unanimité qui règne sur ce point entre tous les pères de famille.

Toute la vie de la famille rurale d'autrefois, roule sur deux actes : *le contrat de mariage de l'héritier* et le *testament du père*. Plus d'un millier de ces actes, appartenant aux deux derniers siècles, rédigés sur des points souvent éloignés les uns des autres ont été analysés par nous ou sont tout au moins passés sous nos yeux. A mesure que nous les lisions, il nous semblait voir nos vieilles familles de paysans revivre devant nous.

Ces deux actes empruntent leur importance et leur solennité à cette circonstance que, par le choix de l'héritier futur, ils sortent de la sphère de la vie *individuelle* pour devenir des actes de la vie *collective* de la famille et unir les générations successives.

Généralement, c'est-à-dire, lorsque rien ne vient déranger le cours naturel des choses, cette grande affaire, le choix de l'héritier, a lieu par contrat de mariage.

Fidèle à la tradition, le chef de famille a destiné un de ses enfants à être son associé et plus tard son successeur dans la direction de la famille et du domaine. Cet enfant qui n'a jamais quitté le foyer, que tout, dès l'enfance a préparé ce rôle, c'est presque toujours le fils aîné. Ce choix n'est pas arbitraire, il est dicté par la nature des choses. Outre que comme ses frères, l'aîné portera le nom des ancêtres, il y a raisonnable présomption qu'étant le plus âgé, il sera le plus sage et le plus fort, le plus tôt capable de fournir ce dont la famille a besoin, un aide et un appui pour les parents, une protection efficace pour les frères et sœurs. Un choix fait par la nature suscitera moins de haine et de jalousies. Si l'élu refuse la charge ou y est impropre, le choix se porte sur un autre enfant, cas qui se rencontre un certain nombre de fois.

Le père n'intervient pas seulement au mariage pour autoriser son fils ou lui faire une donation. C'est lui qui seul, ou conjointement avec le futur, recevra la dot toujours en argent de sa belle-fille, et la garantira sur le bien commun. Cette dot est acquise à la famille, elle aidera à établir au-dehors les autres enfants.

En même temps, il fait donation à son fils de la totalité de ses *biens présents et à venir*, soit de la moitié seulement (1) à la charge de supporter dans les mêmes proportions ses dettes et honneurs funèbres, et les légitimes des autres enfants souvent fixés dans l'acte. Quelquefois, la jouissance immédiate est accordée ; la plupart du temps, afin de rester le maître jus-

---

(1) Lorsque la donation ne porte que sur la moitié, le donateur promet souvent d'instituer le donataire héritier de l'autre moitié a la fin de ses jours.

qu'à la fin, le donateur se réserve l'usufruit, mais il s'engage, dans ce cas, à supporter les charges du mariage, c'est-à-dire, à loger, nourrir, entretenir les futurs époux et leurs enfants obligés, à leur tour, *à travailler de leur pouvoir dans l'intérêt de la maison,*

En cas de *séparation* le donateur expédierait au jeune ménage soit une portion de la jouissance, soit la propriété d'un immeuble déterminé, soit parfois la totalité du bien sous certaines réserves, notamment celle de la moitié des fruits.

Mais si la prudence commande de prévoir le cas de séparation, les termes employés expriment assez combien sa réalisation serait douloureuse pour les parents, *en cas d'incompatibilité, que Dieu ne veuille ! Qu'à Dieu ne plaise !* etc. disent souvent les actes dans un style dont l'animation contraste avec leur allure ordinaire. C'est qu'en effet le père et la mère attendent de cette cohabitation un appui, un secours, une garantie contre la solitude et l'abandon dans leur vieillesse. La donation n'est faite qu'à cette condition, la plupart du temps exprimée, toujours sous-entendue.

Le testament viendra plus tard, s'il est besoin, confirmer ou étendre, par l'institution solennelle d'héritier la donation faite au moment du mariage, comme aussi fixer le chiffre des légitimes, mais desormais le fils aîné est associé à la mission du père, et interviendra au mariage de ses frères et sœurs, pour les doter conjointement avec lui. Il le fera seul après la mort de ses parents.

Mais une mort soudaine pourrait frapper le père de famille avant le mariage du futur héritier. Que se passera-t-il alors ? Une pensée de prévoyance, souvent une maladie plus ou moins grave le déterminent à faire son testament. En tête de la plupart de ceux que nous allons analyser, l'on peut lire que le testateur a été trouvé *gisant dans son lit, détenu de maladie corporelle,* etc. C'est comme le commencement d'une formule qui, avec quelques variantes, reparaît constamment.

Le père se met en présence d'une mort prématurée tandis que ses enfants seraient encore en bas âge, dans tous les cas avant qu'il eût pu designer en connaissance de cause, son successeur dans le gouvernement domestique ; comment faire traverser à la famille cette crise redoutable ? Désignera-t-il lui-même son fils aîné qui n'a pas encore montré s'il est digne de cette responsabilité et de cet honneur, qui peut mourir avant d'atteindre l'âge d'homme et qu'une indépendance et une autorité prématurée pourraient d'ailleurs entraîner à l'orgueil et au mépris de l'autorité de sa mère ?

C'est une véritable régence qu'il va instituer.

Le sceptre de l'autorité domestique passera à la mère, elle est instituée héritière, ou grevée, à la charge de *conserver et de rendre* et tant qu'elle restera « *sous le nom du testateur* ». En succédant à l'autorité du père, elle succède aussi à toutes ses obligations. Il lui est prescrit d'élever et de nourrir la famille, d'établir les enfants et enfin de leur compter leur légitime « *lorsqu'ils viendront à se colloquer en mariage* » ou à leur majorité (25 ans).

La plupart du temps, c'est à elle qu'incombe encore, d'après le testament, l'élection de l'héritier. Presque toujours elle pourra la faire lorsqu'elle le jugera à propos, au mariage de l'élu ou à la fin de ses jours par testament, sous telles réserves à son profit qu'elle voudra.

Quelquefois des parents désignés par le testateur sont chargés de la suppléer dans cette « *élection* » si elle meurt avant d'avoir pu y procéder, d'autres fois, ils doivent l'assister et elle ne doit élire « *que de leur advis et conseil* ».

Nous ne saurions trop le faire ressortir, le législateur n'est pour rien dans ces dispositions. C'est à la coutume, en contradiction avec la loi *ab intestat* qu'il faut en faire honneur. Est-il possible en face de la sage prévoyance et de la sollicitude qu'elles font éclater, de ne pas admirer, à quelle hauteur, sous une législation libérale, le sentiment de la responsabilité et du devoir familial avait su élever le cœur et la raison de modestes paysans (1) ?

---

(1) Pour éviter des répétitions, et a cause, d'ailleurs, de son rôle prépondérant, nous n'avons parlé que du père. Outre qu'il est le chef de la famille, c'est sur sa tête que repose d'ordinaire la propriété immobilière.

La femme toujours mariée sous le régime dotal n'a apporté qu'une modeste dot

II

Tout ce que nous venons de dire montre suffisamment que c'est d'après le type de la *famille-souche* qu'étaient universellement constituées les populations agricoles de nos contrées.

Comme partout, les caractères principaux de cette organisation étaient, d'une part, la *stabilité*, la perpétuité, l'esprit de solidarité entre les générations, et de l'autre la *fécondité*.

La famille est indissolublement liée à son foyer, la destination de l'un des rejetons au rôle du conservateur de ce foyer et de chef de la société domestique en assure la durée.

La famille est féconde; la crainte de voir une nombreuse postérité entraîner la ruine du foyer et la dispersion de la famille ne vient pas faire obstacle aux influences réunies de la religion et de la nature.

L'établissement, avec des dots en argent, de presque tous les rejetons, est sans doute une lourde charge pour les parents, mais la présence de l'héritier et la collaboration gratuite et affectueuse du jeune ménage soutiennent leurs forces et leur assurent une vieillesse honorée et paisible à un foyer toujours vivant, au milieu des occupations de toute leur vie. Le père mourra entouré de ses enfants et petits-enfants. A mesure que ses forces faibliront, la réalité de la direction échappera, peu à peu et sans secousse, de ses mains, mais il en gardera jusqu'au dernier jour l'honneur et la considération.

Le foyer qu'il laissera n'est pas seulement son foyer et celui de l'héritier, c'est le foyer, c'est le centre naturel de toute la famille; soumis à une sorte de copropriété, gardant fidèlement les débris des générations précédentes, il retiendra tous ceux

---

en argent. Elle s'associe toujours au père dans les donations par contrat de mariage aux enfants et a l'habitude de faire choix du même enfant pour héritier.

Lorsqu'elle teste avant le choix fait en commun, c'est presque toujours pour instituer son mari *héritier*, a charge de *rendre* a un enfant désigné par la testatrice ou a tel autre qu'il désignera.

qui n'ont pas pu ou qui n'ont pas voulu tenter un établissement au dehors. Des parents célibataires s'y fixent assez souvent. Leurs testaments, toujours au profit de la maison, mais où cependant les parents du dehors ne sont pas oubliés, permettent de juger de leurs sentiments à l'égard de l'héritier et du foyer principal.

La qualité d'héritier est sûrement un honneur et a des avantages, mais au prix de quelle sujétion, de quelles sollicitudes, de quels efforts ne doivent-ils pas être achetés ? Ce n'est, en général, qu'à force de labeur et d'épargne, qu'avant le moment où il devra établir ses propres enfants, l'héritier pourra faire sortir du sol une somme d'argent presque égale, en moyenne, à la moitié de la valeur du domaine. Il ne faut pas moins que toutes les satisfactions morales ou d'amour-propre attachées à ce rôle pour le faire accepter. Rien ne montre mieux le caractère qu'avait l'institution aux yeux des populations, qu'une expression qui se rencontre dans presque tous les testaments d'une étude du *Haut-Vivarais* : le survivant des père et mère élira pour héritier celui des enfants « *qui lui paraîtra le plus* « CAPABLE *de cette* CHARGE. »

Les autres enfants, ceux qui voudront ou devront s'éloigner, sont-ils abusivement sacrifiés à ce foyer auquel ils sont redevables de la vie et de l'éducation ?

Rien n'autorise à le penser. On le voit par les actes, les filles sont mariées par les parents aux cultivateurs ou aux artisans du voisinage et reçoivent des dots en argent qui, pour l'époque, étonnent souvent. A la fin du dix-septième siècle et au milieu du dix-huitième, dans des familles nombreuses, des dots de 400, 500, 1,000 livres ne sont pas rares. La coutume y ajoute presque toujours un certain nombre d'objets (croix et bagues d'or, clavier d'argent, nappes et essuie-mains en toile de ménage, coffres fermant à clef, etc.), qui attestent à la fois la sollicitude de la famille de la fiancée et un certain degré d'aisance.

Des cadets, pourvus de leur simple légitime, mais grâce à l'honorabilité de la souche dont ils sont sortis, épousent des filles uniques ou héritières. Quelques contrats font voir des jeunes gens des deux sexes adoptés par des ménages privés d'enfants qui les marient à leur foyer avec promesse de succession et charge de cohabitation. Parfois les deux époux unissent ainsi un neveu et une nièce pris dans leur famille respective.

D'autres, à qui la sollicitude des parents a fait faire l'apprentissage d'un métier, exercent dans les villages voisins les industries de menuisier, cordonnier, tisseur de laine ou de chanvre, etc... Quelques-uns sont mentionnés comme étant au service du Roi.

Enfin, ceux qui ne peuvent s'établir dans le pays, ayant reçu leur légitime ou destinés à la recevoir à leur mariage ou au décès de leurs parents, dégagés de toute sujétion, émigrent dans les villes du voisinage. Là, s'il est permis de juger du passé parce qui se voit encore de nos jours, une robuste santé, des habitudes de moralité, de discipline, de travail et d'épargne, dons précieux dus à la famille, leur permettent d'arriver à l'aisance, souvent à la fortune. Un rapprochement des noms des principales familles industrielles ou commerciales de ces villes avec ceux des campagnes et, en particulier, des montagnes avoisinantes, ferait ressortir, nous en sommes convaincu, l'exactitude de ce fait.

Ce trop-plein absorbé par la province ou les provinces limitrophes ne paraît pas avoir été assez considérable pour alimenter une émigration à l'étranger.

En définitive, ce qui donne à penser que, dans l'ensemble, les avantages conférés à la souche et à l'héritier qui la représente ne sont pas excessifs, c'est, du moins dans la montagne, où la transmission intégrale a toujours lieu, l'immobilité des patrimoines, qu'on ne voit guère s'accroître. La situation de fortune des familles paraît rester la même à travers les générations. Les prélèvements périodiques des rejetons auraient donc atteint la limite au delà de laquelle le domaine aurait dû se fractionner ou passer en des mains étrangères.

Il est temps de dire quelque chose de la propriété. Dans la région montagneuse, où dominent les cultures arborescentes et l'élève du bétail, elle est divisée en petits domaines agglomérés qui paraissent être depuis une époque reculée aux mains des mêmes familles. Comment cette propriété s'était-elle constituée ? Il y aurait là un sujet d'étude fort intéressant, mais qu'il ne nous a pas été possible d'aborder ; les restes de féodalité, du moins pour les localités particulièrement observées, et pour les deux derniers siècles, ne semblent pas avoir beaucoup pesé sur elle. Les hommages et reconnaissances sont rares. Peu de ventes mentionnant des droits seigneuriaux de mutation (lods et ventes) à acquitter. Il semble que beaucoup de ces petits domaines fussent possédés sous le régime du *Franc alleu*, droit commun du Languedoc, cette province remarquable à tant de titres. Là, plus qu'ailleurs, un lien étroit et durable rattache chaque famille à son domaine. La coutume, en favorisant cet attachement, semble avoir pour résultat de consolider et de perpétuer la petite propriété. Les acquisitions sont très rares ; c'est là que l'on peut avec vérité appeler toute propriété du nom d'*héritage*, ainsi que l'ont fait encore les rédacteurs du Code bivil. Ce n'est guère que par cette voie qu'elle s'acquiert. Très peu de foyers s'éteignent ; aucune famille ne voudrait aliéner le sien. Dans ces conditions, la création d'une grande propriété eût présenté des difficultés presque insurmontables.

Dans la région moins accidentée, les nécessités de la dé fense et peut-être la rareté des sources avaient amené la formation, dans les villages et les petites villes, d'agglomérations de propriététaires agriculteurs. La nature des lieux, la culture de l'olivier et de la vigne avaient rendu possible et même avantageux un certain morcellement. Avec l'élasticité qui, on ne saurait trop le faire ressortir, était son principal caractère, la législation ne mettait aucun obstacle à cette tendance. L'institution d'héritier est toujours observée, mais elle a plus particulièrement pour but la conservation de la maison paternelle et de ses dépendances les plus directes. La terre change plus souvent de mains. Des olivettes, des prés, des champs, des vignes surtout sont assez souvent donnés en dot aux puînés ou leur sont livrés par l'héritier en payement de leur légitime (1). Les *compoix* dressés pour la répar-

____

(1) Dans plusieurs communes des bords du Rhône les legs de sommes pour légitimes sont souvent accompagnés de cette clause que l'héritier pourra « à son choix » les acquitter « en argent ou en bien-fonds ».

tition de la taille et auprès desquels notre cadastre actuel ne fait pas toujours bonne figure, témoignent d'une division aussi grande du sol.

III

Résumons maintenant les caractères essentiels des institutions qui, jusqu'au 7 mars 1793, ont réglé, dans la partie du Languedoc qui nous occupe, la transmission des foyers et des ateliers. Nous l'avons dit, la succession du père de famille décédé *intestat* est soumise au *partage égal.* Ce dernier peut toutefois, au moyen du testament, instituer un ou plusieurs héritiers. A ce moment la loi intervient. A l'encontre de ce qui a prévalu dans d'autres sociétés (1) elle n'a pas jugé que le sentiment paternel et l'opinion publique fussent des garanties suffisantes de l'accomplissement du devoir naturel des parents à l'égard de tous leurs enfants. Elle intervient donc pour l'assurer, mais, dans la réglementation à laquelle elle s'est arrêtée, contrairement à la législation révolutionnaire, elle tient compte de l'existence du *groupe familial* et de la juste part d'autorité et d'initiative à laisser au père de famille, auquel elle se garde bien de se substituer. Au lieu de chercher la justice dans l'annihilation presque entière du pouvoir paternel et dans une égalité abstraite et toute superficielle, elle va au fond des choses et permet à la coutume d'atteindre la justice et l'égalité véritables en proportionnant les avantages aux devoirs et aux charges. D'accord, au fond, sur ce point avec la coutume de Paris, cette autre source de notre droit national, elle opère en quelque sorte, dans les familles fécondes, un partage à peu près égal du patrimoine. ou plutôt de sa *valeur,* entre la souche et ses rejetons et s'efforce de concilier ainsi l'intérêt collectif et permanent avec l'intérêt individuel.

En ce qui concerne spécialement la propriété, tout en se pliant avec facilité aux besoins les plus divers, elle favorise la conservation, si avantageuse au point de vue économique, des

---

(1) La race anglo-saxonne, par exemple.

domaines agglomérés et maintient unis les éléments moraux et matériels de l'organisme agricole. Elle donne à la petite propriété, là où elle existe, le moyen de durer et ne met ailleurs aucun obstacle à sa formation. A l'abri de ses dispositions libérales, la coutume attache profondément à la terre la famille agricole et l'y maintient dans un état de grande sécurité et d'aisance relative, tout en la forçant à tirer périodiquement du sol, par l'épargne et un labeur incessant, les prélevements des rejetons de chaque génération. Nullement entravée dans sa fécondité, la famille agricole déverse régulièrement sur les villes une population robuste, morale et disciplinée.

Quels étaient les sentiments des populations à l'égard de ce régime pratiqué de nos jours dans plusieurs contrées de l'Europe, et notamment dans presque toute l'Allemagne ? La famille du passé ne parait avoir laissé dans notre région que des souvenirs de paix. Si dans notre temps d'individualisme, une famille attire encore l'attention par l'entente et l'esprit de solidarité qui y règne, c'est aux types du passé qu'on ne manque pas de la rattacher en constatant ainsi et en rappelant parfois la simplicité cordiale, la fréquence et la persistance des rapports de parenté dans les anciennes familles.

Tout autorise à penser que la famille agricole n'a pas fait exception. En pays de droit écrit l'exhérédation devait avoir lieu par testament. La lecture d'un nombre considérable de ces actes ne nous en a pas fait découvrir un seul cas. Nous n'avons pas vu une seule fois des parents choisir un hériter en dehors de leurs enfants. Quand l'institution est au profit du conjoint, c'est ,toujours à titre d'usufruit ou de *fideicommis,* à charge pour la femme de rester veuve. Guidée et contenue par un sentiment de famille extrêmement vif, la liberté testamentaire semble se préserver à un degré qui étonne des abus auxquels toute institution humaine est exposée.Les contestations sur le chiffre de la légitime sont rares. Le payement d'un supplément réclamé àl'héritier a presque toujours lieu à la suite d'un arbitrage d'amis communs ; dans tous les cas, s'il y a eu procès ou menace de procès, avant la sentence du juge. Ce supplément est toujours fourni en argent.

Plusieurs cahiers des trois ordres en 1789 nous sont tombés

sous les yeux. Les critiques à l'égard des institutions du temps sont multiples et descendent parfois jusqu'à de minimes détails ; mais nous n'en avons pas trouvé une seule demandant la modification du régime successoral.

L'attachement profond pour ce régime conservé jusqu'à ce jour par la majeure partie des populations qui l'avaient pratiqué, principalement par celle des pays à domaines agglomérés leurs efforts pour en conserver les résultats sous une législation nouvelle animée d'un esprit différent, viennent, ce semble, corroborer l'opinion exprimée ci-dessus que les populations considéraient les institutions qui les régissaient, comme conformes à la justice et comme donnant satisfaction à leurs besoins. Le Play cite l'exemple de familles rurales de la Provence dans lesquelles, le père étant décédé *intestat*, les enfants ont spontanément constitué le préciput au profit de son successeur présumé. Nous croyons que des faits assez nombreux de ce genre ont dû se produire dans la partie du Languedoc dont nous nous occupons. Plusieurs remontant à quelques années à peine nous ont été cités au cours de nos observations.

Telle fut, dans le passé, l'organisation de la famille parmi les populations des Cévennes. Il nous reste à examiner ce qu'est devenue, de nos jours, cette grande institution domestique, sous le régime du Code civil.

DEUXIÈME PARTIE

LE PRÉSENT.

Ainsi que nous l'avons dit, aucune plainte autorisée ne semble avoir été articulée par les populations des Cévennes contre le régime successoral auquel elles étaient soumises depuis des siècles et que, à raison de son élasticité, elles avaient merveilleusement adapté à leurs conditions économiques.

Il est remarquable que la destruction de la liberté tempérée
des testaments était si peu dans les vœux de la nation entière,
que ce fut seulement le 7 mars 1793 que fut inopinément pro-
clamé par la Convention le principe absolu du partage égal, à
titre de mesure de combat et sans qu'aucun des graves pro-
blémes sociaux et économiques que la question souleve ait
même été effleuré. Près de quatre ans s'étaient écoulés depuis
la réunion des Etats généraux et dejà, allant trop souvent au
delà du but et confondant l'institution avec l'abus, la *Consti-
tuante et la Législatice* avaient touché, sans ménagement, aux
ressorts, les plus essentiels, comme les plus secondaires, de
l'organisme national.

I

La nouvelle loi portée par la Convention dut être bien peu
exécutée dans nos régions, tant à raison de la durée relative-
ment courte de la période révolutionnaire aigue, à laquelle elle
ne survécut pas, qu'à cause de la résistance des mœurs.

Au rétablissement de l'ordre, lorsque le Code civil de 1803
eut amendé dans une certaine mesure la législation de la Ter-
reur, les populations durent croire que, moyennant certaines
modifications de forme, elles pourraient rester fidèles à leurs
coutumes. Et de fait, le nouveau régime ne porta pas immé-
diatement tous ses fruits. Il fut, selon les lieux, plus ou moins
neutralisé par la force persistante de la tradition. Tous les efforts tendirent à obtenir de la nouvelle législation les résultats
qu'assurait facilement l'ancienne.

L'attribution du *quart préciputaire des biens présents et à
venir* faite au futur héritier par contrat de mariage, en vue et
sous la promesse de la cohabitation, remplaçant l'ancienne donation de la moitié ou de la totalité des biens, les avantages
indirects de toute nature, notamment la réception simu-
lée par le père de famille de la dot, toujours en argent,
de la femme du préciputaire, l'évaluation des immeubles au-
dessous de leur valeur réelle, et par-dessus tout la force de la
coutume et le respect de la volonté des parents permirent tout

d'abord de se faire illusion sur la portée du changement. La transmission intégrale put avoir lieu sur beaucoup de points. Le nouveau Code fournissait d'ailleurs une combinaison qui ne tarda pas à devenir dominante dans nos contrées. Nous voulons parler du partage anticipé dont nous n'avons, au moins dans sa forme extérieure, trouvé aucun exemple dans le passé, mais duquel se rapprochaient beaucoup toutefois les contrats de mariage où la légitime des autres enfants était définitivement fixée et mise à la charge de l'héritier.

Mais au fond les différences entre l'esprit et les résultats des deux législations étaient bien plus profondes qu'elles n'en avaient l'air. Tandis que l'ancienne se pretait à la conservation des foyers, la nouvelle constituait un dissolvant irrésistible destiné à soumettre bientôt à un mouvement incessant la famille et la propriété.

Essayons maintenant, malgré notre insuffisance et la complexité du sujet, de retracer les traits les plus saillants de la situation actuelle et les principaux résultats qu'elle a produits ou auxquels, du moins, elle a grandement contribué.

Au premier abord une chose caractérise cette situation : c'est la confusion et la diversité. Sur certains points la lutte entre le Code civil et les populations a pris fin par la victoire complète du premier, ailleurs c'est le combat avec ses phases diverses.

Dans la région montagneuse, où les domaines agglomérés étaient la règle, où la nature de l'exploitation se prêtait peu au morcellement, où enfin la solitude et l'isolement étaient une défense pour les vieilles mœurs, le partage, bien qu'introduit sur certains points, a été généralement entravé. Le paysan n'a pas modifié son point de vue. Il est encore fécond, et aspire, avant tout, *à faire un aîné*, c'est-à-dire à se donner un collaborateur et à perpétuer la famille à son foyer. Sans raisonner, sans une idée fort claire de ses besoins et de ses droits, par instinct et par habitude, il lutte sourdement autant qu'il le peut. Après avoir marié son futur héritier dans sa maison, il exerce sur lui la plus forte pression pour le déterminer à accepter le rôle traditionnel et à se charger de tout le bien. Il n'a de repos que lorsqu'il a pu l'amener, lui et ses autres enfants, à un règlement solennel, à *un pacte sacré de famille*, ainsi que s'expriment certains actes, qui, sous la forme d'un partage anticipé, attribuent définitivement le bien patrimonial au préciputaire, à la charge de payer les dots de ses frères et sœurs, d'acquitter leurs parts de dettes et souvent de les décharger du soin et de l'assistance des parents. Quelquefois, grâce à l'emprunt et à la dot de sa femme, grâce aussi aux économies faites depuis son mariage pendant la cohabitation avec le père, l'héritier a pu payer auparavant de ses deniers une partie des dots faites à ses frères et sœurs.

La plupart du temps une pension au profit des parents est imposée à tous les enfants, mais le père et la mère logés et nourris à peu près sans frais par le préciputaire, tendent à l'en faire bénéficier ainsi que de ce qui leur reste de force. Ce sont autant de moyens de tourner la loi et de parer à l'insuffisance de la quotité disponible. Les autres enfants, habitués à ces arrangements et en sentant la convenance, protestent rarement.

Dès lors, si la famille possédait quelques biens mobiliers, si le domaine n'a pas été évalué trop haut, s'il est productif, si le préciputaire, acculé par situation à un mariage riche, avait réussi à mettre la main sur une grosse dot, si l'un ou plusieurs des puînés sont restés auprès de lui ou sont entrés dans les ordres ou en religion, le préciputaire pourra peut-être, mais non sans labeurs et privations, *sortir ses frères et sœurs* (1), sans léguer à ses propres enfants une exploitation épuisée de capitaux, à demi dévorée par le chancre de l'hypothèque, fruit mûr pour l'expropriation, riche proie pour le fisc et la justice.

Mais il est bien loin d'en être toujours ainsi, et la ruine d'une foule de familles anciennes, remarquables par leur moralité et leur fécondité, atteste la puissance destructive de la loi. Que de fois, depuis cinquante ans, l'histoire des *Melouga*

---

(1) **Expression** vulgaire et locale.

s'est reproduite dans nos contrées montagneuses ! C'est un axiome chez nos hommes d'affaires, qui voient les choses de près, que sur dix familles qui cherchent à rester fidèles à la transmission intégrale, si justifiée cependant dans ce cas, même au seul point de vue économique, huit courent à une ruine certaine et sombreront à la deuxième, sinon à la première génération. Pour eux l'héritier associé est une victime. Parfois il le comprend si bien lui-même, qu'il ne faut rien moins que le sentiment du devoir familial et une énergique pression des parents pour le déterminer à accepter ce rôle si ingrat et si périlleux. Aussi le partage en nature a-t-il commencé à se faire une place dans la pratique des montagnards.

Pour ce qui est de la région moyenne et d'une partie de la région inférieure, des conditions analogues, quoique bien moins caractérisées, se rencontrent toutes les fois qu'il s'agit de domaines plus ou moins agglomérés et isolés. Dans les villages exclusivement agricoles, mais souvent populeux, qui abondent dans cette partie du pays, les traditions étaient moins fortes, le mode de transmission moins uniforme, moins imposé par la nature des choses. La transmission intégrale est une exception de plus en plus rare : le partage en nature facilité par le genre des cultures, et une certaine division préexistante du sol sont devenus la règle générale. La coutume n'a pas toutefois entièrement désarmé. La majorité des pères de famille, au moyen de la donation préciputaire du quart par contrat de mariage, au moyen d'une cohabitation qui se réalise de moins en moins souvent, à l'aide du partage anticipé ou du testament, s'efforcent de conserver à l'un de leurs enfants fixé auprès d'eux l'habitation de famille et ses principales dépendances. Le reste est partagé en nature. Ce qui justifie aux yeux de tous la dérogation à l'égalité en faveur du préciputaire, c'est après l'usage, la considération des devoirs particuliers qu'il contracte envers les parents. Sauf dans quelques familles, plus fidèles aux anciennes mœurs, l'opinion ne lui en impose pas vis-à-vis de ses frères et sœurs ; parfois même ceux-ci sont les premiers à dire que le quart a été bien gagné, ce qui est parfaitement vrai, et, ne lui faisant, de leur côté, grâce de rien, ne lui demandent rien.

Dans les familles possédant quelque aisance, les parents se réservent, jusqu'au décès du dernier mourant, un logement dans la maison et une pension viagère. Elle profite souvent au préciputaire lorsqu'il vit en ménage commun avec eux. Dans les familles moins aisées, les père et mère sont nourris, quelquefois même logés par les enfants, à tour de rôle.

Dans la région qui nous occupe, ces habitudes sont encore générales dans la classe des cultivateurs propriétaires. Sauf dans quelques agglomérations où les idées d'égalité ont déjà fait de grands progrès, par suite de l'influence des familles de fonctionnaires, de négociants et de rentiers, l'attribution du préciput à l'aîné ou à tout autre des enfants consentant à se marier dans la maison paternelle n'excite aucune plainte et paraît toute naturelle. Dans les campagnes proprement dites, l'usage du préciput portant sur la maison combiné avec le partage des autres propriétés, souvent morcelées depuis long-temps, est encore profondément ancré dans les mœurs et à peine entamé.

Le partage brutal ne règne au contraire, en maître presque absolu, dans les villes et leur voisinage, ainsi que dans une grande partie de la plaine en particulier ce semble, partout où existe depuis une époque plus ou moins reculée la culture de la vigne.

Cette observation s'applique spécialement à quelques localités de la plaine des bords du Rhône, où, avant la Révolution, de grandes propriétés ecclésiastiques ou aristocratiques absorbaient presque tout le territoire fertile, et où la propriété agglomérée du paysan n'avait pas pu se constituer. Les familles actuelles ont, en général, malgré l'influence du voisinage, adopté le principe du partage égal.

I I

Essayons maintenant de nous rendre compte, en ce qui concerne la famille et la propriété rurales, des résultats amenés par la substitution à la liberté testamentaire d'une réglementation étroite et uniforme.

Sans doute le Code civil a pu tout d'abord, et sur quelques points, produire des résultats heureux en facilitant, là où elle pouvait être trop concentrée, l'accès du paysan à la propriété.

Mais cet avantage a dû être restreint dans un pays où la petite propriété existait depuis une époque reculée. Dans tous les cas, quelle qu'ait été son étendue, le bienfait n'a été que momentané, et après avoir démembré un certain nombre de grandes propriétés, le partage égal s'est attaqué depuis longtemps aux petites exploitations et est en train de les dissoudre sans plus de ménagements.

L'enquête à laquelle nous nous sommes livrés nous a laissé la conviction que notre législation successorale, favorisée et soutenue par les idées qui l'ont inspirée et les mœurs qu'elle a grandement contribué à créer, a, dans l'ensemble, exercé une influence malheureuse sur la situation de nos campagnes.

Deux faits, entre autres, caractérisent cette situation pour l'observateur : la *dépopulation des campagnes,* le *dégoût,* l'on pourrait presque dire le mépris du cultivateur pour la vie rurale. Nous n'ignorons pas qu'on ferait fausse route en attribuant ces phénomènes à une cause unique.

C'est avec raison que l'on accuse le poids des impôts, la cherté de la main-d'œuvre, la concurrence étrangère, l'affaiblissement du sentiment religieux, l'amour croissant du luxe et du bien-être matériel. Nous n'en croyons pas moins que si le paysan français restreint volontairement sa postérité, s'il prend en dégoût sa profession, et tend de plus en plus à déserter les champs pour la ville, c'est qu'une organisation défectueuse de la famille et de la propriété engendre chez lui l'inquiétude, le malaise et la gêne et vient aggraver encore et rendre parfois intolérables des souffrances dues en partie à d'autres causes. Dans tous les cas, ces deux faits ne sauraient être mis en doute, ils relèvent de l'observation et de la statistique.

La fécondité des familles agricoles a diminué d'une manière très sensible dans presque tout le département.

D'après les documents et le témoignage des hommes âgés,

la moyenne des enfants de ces familles, de cinq dans la première moitié de notre siècle est tombée à *trois* à peine. Dans certaines régions où le sentiment religieux est plus affaibli, bon nombre de familles ne comptent plus que deux enfants : l'*héritier* et son suppléant. Beaucoup d'autres n'en ont qu'un. Le Gard tient encore un rang assez honorable au point de vue de la population. Il est du nombre des départements où le chiffre des naissances est supérieur à celui des décès. Mais cette situation favorable n'est due qu'aux *familles-souches* subsistant encore dans la région montagneuse et aux populations industrielles, notamment à celles qu'occupent les industries du bassin houiller d'Alais. La fécondité semble surtout l'apanage des familles vivant d'un salaire journalier et que le partage à venir préoccupe fort peu. Les circonstances qui l'accompagnent d'ordinaire sont ou bien la conservation du sentiment religieux ou bien l'absence de propriété immobilière.'

Le dégoût de la vie agricole n'est pas moins apparent. L'entraînement vers la ville ne cesse de s'accroître. Ce qu'il y a de plus triste, c'est qu'à ce sentiment de découragement et de désaffection pour la terre se mêle une sorte de mépris pour l'agriculture elle-même. Il semble que ce soit la dernière des professions et qu'on ne doive y rester que par l'impossibilité de faire autrement ; c'est surtout une aspiration universelle vers les emplois de l'Etat ou des chemins de fer, devenus le rêve de toutes les familles. Sur certains points particuliers, d'après un témoignage autorisé, ces préférences seraient même partagées par les jeunes filles, au point qu'un agriculteur en concours avec d'autres jeunes gens du pays déjà employés ou instituteurs éprouverait des difficultés à faire un mariage en rapport avec sa situation de fortune.

Quelle a donc été l'action de nos lois successorales sur la situation du paysan ?

Considérons d'abord le côté économique.

Nous avons déjà fait voir le Code civil, fidèle à la pensée de nivellement qui a présidé à son institution, battant en brèche cette multitude de petits ou de moyens domaines agglomérés, qui, possédant une étendue en rapport avec le travail d'une

famille, ont été si heureusement appelés des *unités agricoles*
et constituent un type si parfait d'atelier rural. La destruction
d'un très grand nombre est déjà un fait accompli. Pour ceux
qui résistent encore, le sort de leurs possesseurs sera trop
souvent la gêne et la crainte perpétuelles. Comme une épée
de Damoclès, l'expropriation forcée ou amiable menacera trop
souvent leur tête. Le prétendu privilégié, écrasé par des
soultes hors de proportion avec ses moyens, de frais considérables d'actes et de mutation, n'aura trop souvent dans ses
mains qu'un immeuble grevé d'hypothèques, dont les produits,
au lieu de servir à des améliorations. ne suffiront pas toujours
à l'acquittement des charges et qu'il transmettra souvent
lourdement grevé à ses enfants. C'est dans ces circonstances
que nombre de familles de petits propriétaires sont tombées
au rang de fermiers, quelquefois de leur propre bien.

Quant aux régions où le morcellement est ancien ou bien
ne rencontre pas la même résistance du côté de la nature et
des populations, il suit une marche continue. Le nombre et
l'enchevêtrement des parcelles deviennent, au jugement des
hommes compétents, une véritable entrave et un obstacle
sérieux pour l'agriculture, dont les frais généraux se trouvent
ainsi considérablement accrus en pure perte, tandis qu'elle a
déjà tant de peine à lutter contre ses concurrents.

Une conséquence (1) trop inaperçue de ce mouvement im-
primé à la propriété rurale ainsi fractionnée, c'est le prélève-
ment, à chaque mutation, de droits de timbre et d'enregistrement, et d'honoraires d'hommes d'affaires. L'impôt des mutations fortement augmenté depuis 1871, spécialement en ce qui
concerne les propriétés rurales, est proportionnel sans doute

---

(I) L'on peut objecter que les faits qui vont être exposés ne sont qu'en partie
la conséquence nécessaire de nos institutions successorales et tiennent plutôt aux
défectuosités de notre loi fiscale. Il est certain que le mal serait grandement atté-
nué par une réforme de cette dernière abaissant d'une manière générale les droits
de mutation et favorisant par des réductions importantes de tarifs les actes destinés à mettre fin à l'indivision des immeubles et notamment des domaines
agglomérés que les membres d'une famille ne peuvent pas ou ne veulent pas
partager en nature.

à la valeur de ces propriétés, mais il l'est aussi au *nombre des mutations*. Dans tous les cas, les droits de timbre auxquels ces dernières donnent lieu et certains émoluments des notaires ne sont pas proportionnels aux valeurs. C'est ainsi que par un véritable impôt progressif *à rebours*, les transactions immobilières rendues continuelles par le Code civil sont d'autant plus sévèrement taxées qu'elles sont moins importantes. Des propriétés considérables changeant de mains à des intervalles éloignés supporteraient sans trop de dommage ces prélèvements, — ils écrasent d'innombrables parcelles soumises à un mouvent incessant (1).

Si le père de famille, usant des droits que lui accordent les articles 1075 et suivants du Code civil, veut régler sa succession au moyen d'un partage anticipé, il doit recourir à un notaire. Outre les honoraires proportionnels et ceux de l'expédition, il aura à payer les droits d'enregistrement au taux de 2 p. 100 environ, le timbre de la minute, celui de l'expédition et de la transcription aux hypothèques.

Si le partage en nature est impossible ou préjudiciable, et si, ce qui arrive la plupart du temps, les valeurs mobilières font défaut pour égaliser les lots, un droit d'acquisition de 5 p. 100, sans parler de nouveaux honoraires pour le notaire, sera perçu sur les soultes stipulées au profit des autres enfants.

La masse se compose-t-elle, au contraire, d'immeubles divisibles, et aucun des cohéritiers ne veut-il les garder en totalité, les copartageants qui en sont lotis, ne pouvant dans bien des cas en tirer parti, sont dans l'absolue nécessité de s'en défaire un jour ou l'autre. Nouveaux droits de mutation, de timbre, de transcription ; nouveaux honoraires.

Voilà pour le côté *économique* et nous sommes loin d'avoir tout dit. Le côté *moral* n'a pas moins d'intérêt pour l'Ecole de la paix sociale.

Les satisfactions morales attachées autrefois dans notre

---

(1) Les frais de toute nature, qui pour une vente de 10,000 francs et au-dessus varient de 8 à 9 p. 100, s'élèvent graduellement, *à mesure que le prix diminue* jusqu'a 20 et 25 p. 100. Tel est le taux ordinaire pour une vente de 100 francs.

région à l'agriculture et à la petite propriété n'ont-elles pas été réduites au point de donner, dans une certaine mesure, l'explication de ce phénomène nouveau, le dégoût du paysan pour la terre et sa tendance à émigrer dans les villes ?

Une chose qui nous semble au premier rang de celles qui peuvent compenser pour l'agriculteur une existence austère et dure, c'est le sentiment de la stabilité, de la sécurité, de la confiance dans l'avenir. L'instabilité inévitable à laquelle sont voués par nos institutions la famille agricole et son domaine a entraîné, croyons-nous, pour la vie rurale la perte d'un de ses principaux attraits. C'est avec ce caractère de durée indéfinie que, lorsque l'accès lui en a été facilité, la propriété s'est montrée au paysan et lui a paru digne de tous les sacrifices. Ne peut-on pas encore supposer que les domaines morcelés, formés de pièces éloignées les unes des autres, sans individualité, que le coup d'œil ne peut embrasser du seuil de la ferme, qu'il ne faut pas songer à enclore, dont la culture est coûteuse et difficile, sont loin d'éveiller au même degré les sentiments d'attachement qui pourraient contre-balancer l'effet des séductions de la ville et des déceptions de la culture ?

Nous pensons, en outre, que dans notre région le paysan n'a pas encore échappé à l'idéal qui a été le sien pendant des siècles, — celui de la famille se perpétuant au même foyer, sur le même domaine. Ce foyer, son ambition est de le léguer, avec une part prépondérante de son héritage, à l'un de ses enfants, en récompense de son concours, de son assistance, des soins et des égards particuliers qu'il attend de lui dans sa vieillesse. Cette transmission du foyer, il veut qu'elle soit un fait accompli et irrévocable de son vivant ; la paix de ses derniers jours en dépend.

Ces satisfactions, autrefois universelles, lui sont refusées presque toujours aujourd'hui.

Souvent l'avantage qu'il pourrait faire à l'un de ses enfants n'est pas assez grand pour le déterminer au sacrifice de son indépendance. Souvent encore, par suite de l'affaiblissement de l'autorité paternelle et du sentiment de la famille, la cohabitation promise ne survit que quelques mois au mariage du préciputaire.

Un jour ou l'autre, lorsque leurs forces seront épuisées, le partage anticipé s'imposera aux vieux parents. M. U. Guérin a signalé avec une grande vérité les inconvénients de cet acte (1). Ils sont tels, que nous avons rencontré plusieurs hommes d'affaires qui nous ont avoué qu'ils en detournaient de tout leur pouvoir les chefs de famille qui recouraient à leur ministère. Mais le paysan peut-il faire autre chose lorsque l'âge l'a mis dans l'impossibilité d'exploiter sa propriété ? Affermer le domaine à un étranger, l'introduire au foyer de la famille ou lui céder la place ? Il ne peut s'y résoudre ; l'affermer à un de ses enfants ? Que de chances de n'être pas payé des fermages !

Le partage anticipé est une abdication du propriétaire, presque toujours, hélas ! du père, qui échange alors, comme on l'a si bien dit, ce titre vénérable contre celui de créancier d'une pension qui souvent ne sera payée qu'avec la plus grande irrégularité et la plus mauvaise grâce.

Parfois les vieux parents devront, tous les trimestres, quelquefois tous les mois, se mettre en route pour aller demander à leurs enfants, obligés de les leur fournir alternativement, leur nourriture et leur logement.

Que de fois l'isolement attristera leurs dernières années !

Toutes les personnes vivant depuis leur enfance au milieu des populations rurales que nous avons pu consulter ont été unanimes à nous signaler comme un des traits de la situation actuelle l'affaiblissement marqué de l'autorité paternelle et du sentiment de la famille. Sans doute, il ne faut pas donner à ce fait une cause unique, mais nous ne pensons pas que la proclamation par la loi du droit absolu de l'enfant à l'héritage et l'instabilité des familles qui l'accompagne soient étrangères à ce triste phénomène. Dans tous les cas, la diminution des satisfactions et des facilités que promettent aux parents la docilité affectueuse et les égards de leurs enfants, n'est pas sans influence sur l'infécondité des mariages.

---

(1) *Ouvriers des Deux-Mondes. Paysan résinier de Lévignacq*, t V, et *Réf. soc*, liv. du 15 juillet 1882.

Ainsi affaiblie par toutes nos institutions, l'autorité paternelle essaye à peine de lutter contre les goûts dispendieux de la jeunesse des deux sexes qui, envahissant de plus en plus les campagnes, accroissent singulièrement les charges de la famille.

Comment s'étonner que le petit propriétaire qui voit grandir avec le nombre de ses enfants non seulement ses sacrifices et ses sollicitudes, mais encore le péril de la destruction de son œuvre agricole, du morcellement ou de l'aliénation de son foyer et de son domaine, les chances de la dispersion complète de sa famille et, pour lui, de la mort dans la solitude et l'abandon, — comment s'étonner qu'il soit peu à peu entraîné à restreindre comme il le fait de plus en plus sa postérité ! Avec le fils unique ou à peu près, la stabilité de la famille est presque assurée, au moins pour une génération, plus de séparation imposée par l'insuffisance du patrimoine morcelé à fournir les moyens d'existence à de nombreux enfants, pas de partages, pas d'emprunts, pas de soultes, pas de frais d'enregistrement.

Le foyer ne subira aucune secousse, les parents y vivront aidés et entourés; et en mourant ils auront la douceur de penser que rien ne sera changé au sort paisible de la famille.

Ce n'est pas seulement par vanité, comme pourrait le croire un observateur superficiel, que le paysan tient tant à faire ce qu'il appelle *un aîné*. C'est pour lui souvent, surtout dans la petite propriété la condition d'un concours indispensable et qu'il ne peut payer, une garantie qu'après avoir peiné et sué pour élever une nombreuse famille, il ne mourra pas seul à son foyer désert, comme un célibataire, ayant devant les yeux la ruine de l'œuvre agricole de ses ancêtres ou de toute sa vie.

Lorsque la loi ou des préjugés qu'elle favorise et qu'il n'ose braver s'opposent à ce qu'il s'assure ces avantages, si le seul frein efficace, le sentiment religieux ne l'arrête, il cherchera à arriver à son but, suivant l'expression d'un éminent économiste, *en supprimant les cadets* (1); c'est tout ce que la loi aura

---

(1) *L'Économiste français*; art. de M. P. Leroy-Beaulieu, mars 1880.

gagné à sacrifier des besoins réels et légitimes à des abstractions géométriques.

L'influence de notre législation successorale sur la stérilité volontaire des classes rurales qui possèdent, signalée par Le Play et d'autres observations, nous paraît donc incontestable. Le motif est parfois franchement avoué. Là où il ne l'est pas, là où le cultivateur ne distingue pas avec autant de netteté les motifs auxquels il obéit, on peut être certain que son influence n'est pas absente. Un instinct sûr, celui de la conservation, avertit le petit propriétaire des *inconvénients*, pour le présent et pour l'avenir, d'une famille nombreuse.

III

Inspirée beaucoup plus par des considérations théoriques et des passions égalitaires que par une étude impartiale de la nature des choses, et, en particulier, des besoins spéciaux de la famille et de la propriété rurales, notre législation successorale a, croyons-nous, largement contribué à la crise morale et économique que traversent nos classes agricoles.

La situation appelle une réforme prompte et efficace autant que prudente et judicieuse. Cette réforme doit se faire dans le sens d'une influence plus grande à accorder au père de famille pour le règlement de sa succession. Elle devrait aussi comprendre, comme en Allemagne, des dispositions spéciales pour favoriser la conservation des domaines agglomérés. Portant à la fois sur la loi fiscale et sur la loi civile, elle devrait, en donnant plus de sécurité et de stabilité à la famille agricole, s'efforcer de diminuer le fardeau excessif de taxes mal réparties qui pèse sur la petite propriété et l'alléger ainsi de frais généraux qui rendent désastreuse pour elle la concurrence étrangère.

Cette réforme ne doit faire appel qu'à la liberté et à l'initiative des intéressés. Ce n'est qu'à cette condition qu'elle marchera de concert avec les mœurs, sans lesquelles, on le dit avec raison, les meilleures lois sont inefficaces. Sa pensée inspiratrice doit être la conciliation des besoins permanents de la famille et de la propriété avec les conditions particulières de notre temps.

Nous croyons que, éclairées par les faits et l'exemple des autorités sociales, les populations ne tarderaient pas à en saisir les avantages et à les mettre à profit.

On ne peut attendre, pour le moment du moins, de nos familles plus ou moins désorganisées de paysans propriétaires une initiative analogue à celle qui s'est produite en Allemagne en vue d'obtenir une législation qui sauvegarde les intérêts spéciaux de l'agriculture. La centralisation, le fétichisme de l'égalité et de la loi écrite y mettent encore obstacle. Nous ne savons s'il nous a été donné d'aller jusqu'au fond de sa pensée mais là où le paysan lutte contre la loi, il semble que ce soit par tradition et par instinct pratique, sans que son esprit, obstrué par le préjugé dominant, ait percé à jour cette apparence d'équité, cette justice superficielle qui sont le plus ferme appui de nos institutions. Lorsqu'il n'est pas encore assez avisé pour échapper par la stérilité aux maux du partage forcé, ou que sa conscience l'en empêche, il les subit, suivant le mot si juste de M. Cheysson, à propos de la famille Mélouga, à la façon des fléaux naturels, devant lesquels il n'y a d'autre attitude que la patience et la résignation (1).

Il faut ajouter, d'ailleurs, à sa décharge, que jusqu'à présent aucun esprit sérieux et cultivé, écartant les préoccupations de parti et les vaines récriminations, pour se placer uniquement sur le terrain économique et social, sur le terrain du bien public et lui parlant le langage qu'il peut comprendre, n'a cherché à l'éclairer sur ses intérêts et sur ses droits sacrifiés au travers français de l'uniformité, et ne lui a aidé à secouer l'oppression du préjugé dominant. Absolument ignorant, comme du reste une grande partie des classes éclairées, du passé le plus rapproché et de la pratique actuelle des sociétés libres et prospères, courbé sous le joug du travail journalier, comment oserait-il contredire le fonctionnaire, le bourgeois ou

---

(1) Voir l'*Organisation de la famille*, 1er Appendice VII.

le rentier qui, dominés par les idées égalitaires et placés du
reste eux-mêmes dans des conditions économiques tout autres,
lui affirment qu'en dépit de tout la loi réalise l'idéal de la
justice !

Il y a là un douloureux contraste avec ce qui s'est passé en
Westphalie, où les paysans, ligués contre la loi du partage,
voyaient à leur tête de grands propriétaires qui, remplissant
leur devoir social, mettaient à leur service. leurs lumières,
leurs loisirs et leur influence.

Nous dirons, en finissant, que l'étude des faits qui font l'objet de ce travail et des questions qu'il soulève, s'impose plus
que jamais aux esprits sérieux, parce qu'ils touchent au sort
de la classe la plus nombreuse en France, et que leur contre-
coup est inévitable sur la sécurité, l'indépendance, l'avenir
même de la patrie. La France a toujours été et est encore une
nation agricole. C'est aux races énergiques et fécondes de ses
campagnes qu'elle a demandé de tout temps ses défenseurs et
ses colons. C'est le sang pur et jeune de l'homme des champs
qui, grâce à une émigration régulière et bienfaisante des foyers
ruraux vers les villes, est venu sans cesse renouveler la vita-
lité et l'énergie des classes urbaines. Le tarissement de cette
source, jusqu'ici inépuisable de la vie nationale serait un dé-
sastre plus grand que toutes les défaites. Il y a là une question de vie ou de mort en présence de laquelle aucun effort,
aucun sacrifice, fût-ce celui des plus belles théories, ne doivent être épargnés pour conjurer le danger et enrayer, s'il en
est temps encore, la marche du mal.